Le Groenendael

FRANÇOIS KIESGEN DE
RICHTER

Autoédition

François Kiesgen de Richter

DÉDICACES

À mes petites filles Léa et Zoé

« Dans toute l'histoire du monde, il y a une chose que l'on ne peut acheter avec de l'argent : l'affection d'un chien qui remue la queue (Josh Billings) »

iv

REMERCIEMENTS

Je tiens particulièrement à remercier Didier Batsch de Canine Éducation éducateur professionnel à Chateau-Renard

J'ai une pensée émue pour Dominique et Yann Lesourd éducateurs professionnels à Meaux.

SOMMAIRE

Présentation
Les origines du chien
Le standard de la race
Les signes d'apaisement
Les postures
Choisir son chiot
L'arrivée du chiot
La propreté du chiot
La socialisation du chiot
Le CSAU et le TAN
L'activité
L'hygiène du chien

PRÉSENTATION

Le Groenendael possède la beauté sans la vanité, la force sans l'insolence, le courage sans la férocité et toutes les vertus de l'homme sans ses vices.

Il se montrera vigilant, docile et très courageux avec un fort instinct d'anticipation, toutes ces caractéristiques en font un excellent chien de garde et défense.

Le Berger Belge Groenendael est réputé pour son élégance, ses yeux vifs et son intelligence. Il est musclé, son endurance et sa sportivité sont à toute épreuve.

Le Groenendael est un chien dynamique, facile à éduquer et d'une intelligence vive. Très polyvalent et adaptable, il est le compagnon idéal en famille

Pour les amateurs de sport canin l'obéissance, l'Agility, le Ring et le RCI révéleront le champion qui sommeille dans chaque Groenendael. Mais attention le maître devra suivre.

En famille il est d'un tempérament joyeux et joueur, même avec les enfants. C'est un chien rustique et robuste qui ne pose pas de problème particulier de santé. Mais attention il sera indispensable de parfaitement bien l'éduquer et de lui donner de l'activité.

Dans la mesure où le Berger Belge Malinois commence à être le chien de police par excellence, il fait un peu d'ombre au Groenendael. C'est le même chien, de génétique et d'origine commune, avec les mêmes potentialités, seulement la fourrure diffère et c'est en défaveur du Groenendael. En effet le Groenendael exige plus d'entretien, il souffre de la chaleur, et sa fourrure est souvent un handicap en intervention.

Je vous conseille de connaître à minima les caractéristiques de la race et de bien choisir votre éleveur.

Certains éleveurs privilégient les chiens de lignées dites de beauté, d'autres privilégient les lignées de travail. Il faudra que vous posiez des questions. Dans tous les cas un chiot doit être testé, quelle que soit sa lignée.

Un Groenendael doit faire l'objet d'une grande attention lors du choix de l'élevage, et il faudra faire passer le test de Campbell au chiot que vous envisagez d'acquérir. Il sera essentiel que vous estimiez la sociabilité et la docilité du futur chiot. Si vous désirez un chien de famille prenez un chien au caractère doux, si vous souhaitez faire de l'utilisation ou du sport canin comme le RCI prenez un chiot au caractère fort et qui a tendance à être autonome. L'éducation sera dans tous les cas indispensable, et ne pensez pas que le caractère fort sera nécessairement plus difficile à éduquer. Par contre il sera plus demandeur d'activité.

Les éleveurs s'efforcent de produire de bons et de beaux chiens. Vous devrez savoir ce que vous attendez de votre futur chien. Une lignée de travail correspond au minimum à du sport canin comme l'Agility, le Pistage, le Troupeau et l'idéal pour le Groenendael c'est du RCI.

Une lignée de compagnie demande moins de sport elle est très bien en animal de famille. Il faudra néanmoins une bonne dose d'activité.

Il faut parler vrai. Si vous voulez un Groenendael d'excellence, il faudra vous diriger vers des élevages qui adhèrent au Club Français du Berger Belge. Attention beaucoup d'escrocs sévices.

Souvenez-vous que le Groenendael est chien très actif, avec un fort caractère, qui ne supporte pas longtemps la solitude, et qui demande une sérieuse éducation avec une bonne socialisation.

Tout se joue entre 3 et 12 semaines, pour faire de votre chiot un animal sociable. Le choix de l'éleveur est donc essentiel. Une rééducation sera très difficile sur cette race après huit mois.

Les problèmes comportementaux ont souvent deux causes liées : un mauvais départ en élevage et une éducation inadaptée.

Le Groenendael a un esprit sain dans un corps sain. Il est sûr de lui, réceptif, disponible en permanence. Il exerce avec un talent égal du travail ou sa fonction de chien de famille et je l'affirme il est l'équivalent d'un Malinois, seul le poil diffère. Le Tervueren lui sera un petit ton en dessous, donc plus à réserver en chien famille, et en sport comme l'Agility.

À la maison, l'apprentissage de la hiérarchie et du respect doit se faire dès son plus jeune âge. Dès huit semaines, vous devrez commencer son éducation.

Il faut savoir rester ferme mais juste. Le Groenendael comprend vite et ne demande qu'à apprendre.

Son environnement compte beaucoup, il doit y trouver un équilibre.

Exigeant sur le plan affectif, le Groenendael aime être sollicité. Il aime jouer et apprécie d'être mis à contribution. Il apprécie d'avoir un rôle à jouer pour se sentir membre de la famille à part entière.

Avec les enfants de la famille il sera attentif et joueur. Une très grande complicité pourra naître entre eux en apprenant à l'enfant dès le plus jeune âge le respect de l'animal et ses besoins. Une fois ces notions de respect acquises le chien et l'enfant pourront devenir les meilleurs amis du monde.

Il est très important d'enseigner à votre enfant les positions d'apaisement du chien. Votre enfant pourra mieux profiter de sa relation avec le chien, s'il en connaît le langage. Le Groenendael est très dynamique, il faudra donc savoir dire « Stop ».

La vie en appartement lui convient mal. Maintenant, si vous le sortez souvent sans vous contenter du tour de la maison, il pourra vivre en appartement. Avant de le laisser seul, il faudra un long apprentissage, qui sera progressif. Il sera indispensable qu'il trouve une dérivation, ou une occupation si vous voulez mieux. Par expérience, je vous invite à ne pas prolonger les moments où il restera seul, car même éduqué ce sera très pénible psychologiquement pour lui.

Un Groenendael en pavillon ne s'épanouira pas s'il reste cloisonné dans le jardin. Il a besoin de faire de longues promenades et de se dépenser physiquement.

Vous devez au minimum le sortir une fois par jour pendant une bonne heure lorsqu'il est adulte.. À titre personnel mon couple de Groenendael sort une heure par jour, et va deux fois par semaine en club.

Le Groenendael est reconnu pour sa polyvalence, réputé pour son intelligence et apprécié pour sa loyauté envers son maître. Les caractéristiques de la race s'affirmeront dans l'éducation.

Naturellement obéissant, il est à l'écoute de son maître, ses aptitudes à l'éducation sont particulièrement bonnes. Il vous faudra néanmoins vous investir dans son éducation très tôt.

Le Groenendael demande un maître qui soit calme, et juste. Il y a deux règles d'or lors de l'éducation canine : vous ne devez pas crier, vous ne devez pas toucher le chien. La section éducation de ce guide vous sera très précieuse.

Venons au point crucial, c'est un chien sensible, il ne s'épanouira pas dans un climat de brutalité, ou de solitude, il pourra rapidement devenir craintif.

Chien équilibré par excellence, il sera désorienté dans un climat de cris et de colère et il pourra développer de la peur avec pour conséquences des risques de morsures.

Mais trop d'indulgence ne lui convient pas non plus. Une certaine souplesse et un minimum de fermeté en feront un animal heureux de vivre, vigilant et consciencieux, mais également réfléchi.

Bref il peut se monter peureux donc il faudra le

rassurer avec du sport canin, mais aussi il faudra aussi apprendre à l'arrêter car il peut être emporté dans son entrain.

La confiance est le maître mot de la relation que vous devez établir avec votre Groenendael.

Il a absolument besoin d'une éducation, d'attention, et de sport, si vous ne voulez pas vous en charger, ne prenez pas un Groenendael, il sera malheureux. Il est beau, intelligent, sportif, polyvalent, avec un instinct très fort, mais il a des besoins spécifiques.

Le rôle historique du chien a été incontestablement celui de conducteur de troupeaux.

Son utilité d'origine a disparu peu à peu au profit d'emplois professionnels ou familiaux.

Sa fonction première attendue, en dehors du milieu professionnel, est d'être le chien de la famille, le compagnon de tous les jours et de tous les instants et souvent de monter la garde.

Les races dites de travail relèvent en France de la Commission d'Utilisation Nationale du Chien de Berger et de Garde (CUNCBG). Si vous voulez un chien de garde, il faudra le choisir dans les races ouvertes en utilisation.

Il existe trois notions clés en classement canin : les races, les catégories, les groupes.

Nous allons aborder les catégories qui classent la dangerosité des chiens.

Les chiens de catégorie 1 sont des chiens qui ne sont pas reconnus par le LOF (le livre des origines françaises des différentes races de chiens).

Les chiens de catégorie 2 sont des chiens qui contrairement à la catégorie 1 sont reconnus par le LOF.

Les groupes, divise l'espèce canine en 10 groupes dans lesquels figurent des races ayant un certain nombre de caractères distinctifs communs.

Groupe 1 : Chiens de Berger et de Bouvier (sauf Chiens de Bouvier Suisses)

Groupe 2 : Chiens de type Pinscher et Schnauzer -

Molossoïdes - Chiens de Montagne et de Bouvier Suisses et Autres Races

Groupe 3 : Terriers

Groupe 4 : Teckels

Groupe 5 : Chiens de Type Spitz et de Type Primitif

Groupe 6 : Chiens Courants, Chiens de Recherche au Sang et Races Apparentées

Groupe 7 : Chiens d'Arrêt

Groupe 8 : Chiens Rapporteurs de Gibier - Chiens Leveurs de Gibier - Chiens d'Eau

Groupe 9 : Chiens d'Agrément et de Compagnie

Groupe 10 : Lévriers

Seules les races suivantes sont habilitées au mordant et donc peuvent faire l'objet d'une éducation spécialisée : Airedale terrier, Berger allemand poil court, Berger allemand poil long, Berger blanc suisse a poil long, Berger blanc suisse a poil mi long, Berger de Beauce, Berger de brie fauve, Berger de brie noir - ardoise - gris, Berger de Picardie, Berger des Pyrénées a face rase, Berger des Pyrénées à poil long, Berger hollandais à poil court, Berger hollandais à poil dur, Berger hollandais à poil long, Border collie, Bouvier d'Australie, Bouvier des Ardennes, Bouvier des Flandres, Boxer bringé, Boxer fauve, Cane corso, Chien de berger belge Groenendael, Chien de berger belge Laekenois, Chien de berger belge Malinois, Chien de berger belge Tervueren, Chien de berger catalan, Colley à poil court, Colley à poil long, Doberman marron et feu, Doberman noir et feu, Dogue des canaries, Dogue majorquin, Fila de Saint Miguel, Hovawart, Kelpie Australien, Rottweiler, Schnauzer géant noir, Schnauzer géant poivre et sel, Terrier noir russe.

ORIGINES DU CHIEN

À la fin des années 1800, on avait en Belgique une foule de chiens conducteurs de troupeaux, dont le type était hétérogène. Les robes étaient d'une extrême diversité. Afin de mettre un peu d'ordre dans cet état de choses, des cynophiles passionnés constituèrent un groupe et se laissèrent éclairer par le professeur A. Reul, de l'École de Médecine Vétérinaire de Cureghem, que l'on peut considérer comme le véritable pionnier et le fondateur de la race.

C'est entre 1 891 et 1 897 que la race naît officiellement. Le 29 septembre 1891 se fonde à Bruxelles le « Club du Chien de Berger Belge » et la même année encore, le 15 novembre, le Professeur A. Reul organise à Cureghem un rassemblement de 117 chiens, ce qui permit d'effectuer un recensement et d'opérer un choix des meilleurs sujets.

Les années suivantes on commence une vraie sélection, en pratiquant une consanguinité extrême sur quelques étalons. Le 3 avril 1892, un premier standard de race fort détaillé fut déjà rédigé par le « Club du Chien de Berger Belge ». Une seule race fut admise, avec trois variétés de poil. Toutefois, comme on disait à l'époque, le Berger Belge n'était qu'un chien de petites gens, donc une race qui manquait encore de prestige.

Par conséquent, ce n'est qu'en 1901 que les premiers Bergers Belges ont été enregistrés dans le Livre des

Origines de la Société Royale Saint-Hubert (L.O.S.H.). Au cours des années qui suivirent, les dirigeants cynophiles de la race des Bergers Belge se mirent avec ténacité à la tâche pour unifier le type et corriger les défauts. On peut dire que vers 1910 le type et le caractère du Berger Belge étaient déjà fixés. Au cours de l'histoire du Berger Belge, la question des diverses variétés et des couleurs admises a donné lieu à beaucoup de controverses. Par contre, en ce qui concerne la morphologie, le caractère et l'aptitude au travail, il n'y a jamais eu de désaccord.

Je pratique, aujourd'hui, ma passion avec un couple de Groenendael. La femelle est issue d'une lignée de compagnie et le mâle d'une lignée de travail. Mes chiens ont toujours été en meute car j'ai d'autres races de chiens avec eux, ceci est une différence fondamentale avec un chien élevé seul, car les règles doivent être plus strictes et la cohabitation parfaite, surtout si vous rajoutez Max le chat.

J'ai obtenu en sport canin et en travail, les mêmes résultats pour le Groenendael, le Berger Allemand et les Groenendael. Je donnerais un avantage au Groenendael pour son écoute parfaite, un avantage au Berger Allemand pour son caractère plus lisse, et un avantage au Groenendael pour sa pugnacité.

En conclusion pour de la garde et en chien de famille choisissez un Groenendael. Pour du RCI en compétition prenez un Groenendael. Le Berger Allemand est plus tranquille qu'un Berger Belge, mais beaucoup moins polyvalent.

STANDARD DE RACE

Les chiens de race ont des caractéristiques mentales et de caractères, des spécificités physiques typiques et des aptitudes particulières, qui sont décrites avec précision dans un document officiel : le Standard de Race.

Pour le Berger Belge le standard FCI Standard F.C.I. est le N°15 / 22.06.2001 / F (Fédération Cynologique Internationale). Il est classé en Groupe 1 Chiens de Berger et de bouvier (sauf chiens de bouvier suisses). Il est dans la section 1 des Chiens de Berger, avec épreuve de travail.

Le Berger Belge est un chien médioligne, harmonieusement proportionné, alliant élégance et puissance, de taille moyenne, de musculature sèche et forte, inscriptible dans un carré, rustique, habitué à la vie en plein air et bâti pour résister aux variations atmosphériques si fréquentes du climat Belge. Par l'harmonie de ses formes et le port altier de la tête, le chien de Berger Belge doit donner l'impression de cette élégante robustesse qui est devenue l'apanage des représentants sélectionnés d'une race de travail. Le Berger Belge sera jugé en statique dans ses positions naturelles, sans contact physique avec le présentateur.

Le chien de Berger Belge est inscriptible dans un carré. La poitrine est descendue jusqu'au niveau des coudes. La longueur du museau est égale ou légèrement supérieure à la moitié de la longueur de la tête.

Le Berger Belge est un chien vigilant et actif, débordant de vitalité et toujours prêt à passer à l'action. À l'aptitude innée de gardien de troupeaux, il joint les précieuses qualités du meilleur chien de garde pour la propriété. Il est, sans nulle hésitation, l'opiniâtre et ardent défenseur de son maître. Il réunit toutes les qualités requises pour être un chien de Berger, de garde, de défense et de service. Son tempérament vif et alerte et son caractère assuré, sans aucune crainte ni agressivité, doivent être visibles dans l'attitude du corps et l'expression fière et attentive de ses yeux étincelants. On tiendra compte du caractère « calme » et « hardi » dans les jugements.

La tête est portée haut, longue sans exagération, rectiligne, bien ciselée et sèche. Le crâne et le museau sont de longueur sensiblement égale, avec au maximum un très léger avantage pour le museau, ce qui donne une impression de fini parachevé à l'ensemble.

Le crâne est de largeur moyenne, en proportion avec la longueur de la tête, à front plutôt aplati qu'arrondi, au sillon médian peu prononcé. De profil il est parallèle à la ligne imaginaire prolongeant le chanfrein. La crête occipitale est peu développée, les arcades sourcilières et zygomatiques ne sont pas proéminentes.

La truffe est noire. Le Museau est de moyenne longueur et bien ciselé sous les yeux et il s'amincit graduellement vers le nez. Il est en forme de coin allongé et parallèle à la ligne supérieure du front. La gueule est bien fendue, ce qui veut dire que lorsque la gueule est ouverte, les commissures des lèvres sont tirées très en arrière, les mâchoires étant bien écartées.

Les lèvres sont minces, bien serrées et fortement pigmentées.

Les dents sont fortes et blanches, régulièrement et fortement implantées dans une mâchoire bien développée.

Les yeux sont de grandeur moyenne, ni proéminents, ni enfoncés, légèrement en forme d'amande, obliques, de couleur brunâtre, personnellement je trouve que mes deux Groenendael ont les yeux noisette avec des paupières bordées de noir. Le regard est direct, vif, intelligent et interrogateur.

Les oreilles sont plutôt petites, haut plantées, d'apparence nettement triangulaire, conques bien arrondies, l'extrémité en pointe, rigides, portées droites et verticalement quand le chien est attentif.

Le cou est bien dégagé, légèrement allongé, assez redressé, bien musclé, s'élargissant graduellement vers les épaules et exempt de fanon ; la nuque légèrement arquée.

Le corps est puissant sans lourdeur ; la longueur depuis la pointe de l'épaule jusqu'à la pointe de la fesse est approximativement égale à la hauteur au garrot.

Les Groenendael sont uniquement de couleur noir zain. Au soleil chez le chiot et le jeune chien la couleur brune apparaît, rien de grave, à partir de quinze mois le poil devient bien uniformément noir.

Quelques chiffres pour terminer le standard. Au garrot c'est environ 62 cm pour les mâles et 58 cm pour les femelles. Les mâles pèsent environ 25-30 kg et les femelles environ 20-25 kg.

LES SIGNES D'APAISEMENT

Les signaux d'apaisement sont les canaux utilisés par le chien pour communiquer.

Le bâillement est l'un des signaux d'apaisement les plus courants et les plus fréquemment utilisés par le chien. Le chien baille avant tout pour se calmer lui-même. Il s'agit donc plus d'un signe d'auto apaisement, voire de relaxation. Bâiller permet au chien de se détendre.

Si le chien tourne la tête légèrement de côté quand vous le fixez dans les yeux, le chien ne veut pas de confrontation. La fixation dans les yeux peut être interprétée comme un défi par certains chiens. Le chien tournera probablement sa tête, lorsque vous serez en colère, agressif et menaçant. Si vous lui mettez de la « pression » en vous penchant au-dessus de lui pour le caresser ou si vous rendez vos sessions d'éducation trop longues ou trop difficiles, votre compagnon pourra faire un mouvement très bref avec les yeux ou la tête uniquement quand vous lui parlez, ou encore rester avec la tête tournée de côté. Attention si le chien lors d'un reproche ne prend pas cette attitude cela voudra dire qu'il vous fait face.

Se lécher les babines : Est un signal utilisé fréquemment dans des situations tendues. Il sera très souvent précédé d'un autre signal d'apaisement, tel que le bâillement, détournement de tête ou sentir le sol. Attention si le chien n'enchaîne pas c'est qu'il vous fait face.

Le reniflement de la terre : Cette attitude est souvent vue lors de la rencontre entre deux ou plusieurs chiens, ou à l'approche d'un congénère. Également dans les endroits bruyants ou encore devant des objets inconnus.

Uriner : Nous prenons souvent ce comportement comme un marquage alors que le chien tente d'apaiser quelqu'un ou de s'apaiser lui-même. Il ne faut pas le punir pour cela. Si ce comportement est associé à un détour cela indique que le chien à peur. Le simple fait de prendre un ton plus enjoué fera cesser ce comportement.

Se gratter, se secouer : Dans une situation qui les met mal à l'aise, ou si le chien arrive dans un endroit inconnu, ou vit une situation nouvelle, vous verrez très fréquemment un chien se secouer ou se gratter. Il est très probable qu'à l'approche d'une personne inconnue ou stressante de par sa posture physique, le chien se retourne et se gratte, ou se secoue juste après le premier contact. Cela sert à son propre apaisement ou à l'apaisement des vis-à-vis. Attention si le chien n'enchaîne pas c'est qu'il va faire face.

Marcher lentement : Est un signal typique d'apaisement, le chien est mal à l'aise et cherche à vous calmer. Votre chien vient très lentement quand vous l'appelez, alors dépêchez-vous de changer la tonalité de votre voix. Il peut également faire cela lorsque vous l'attachez et à chaque fois que vous le rappelez. C'est une position qui indique qu'il n'aime pas quelque chose et il vous le reproche. Il n'y a aucune agressivité dans ce signal.

Se déplacer au ralenti : A pour but de calmer quelqu'un. Le chien le fait souvent en détournant le regard ou en levant la patte, avec un air mal à l'aise. L'homme interprète souvent mal cette attitude et s'énerve encore plus lorsque le chien traîne derrière lors de la marche au pied ou revient très lentement. Pourtant, plus nous allons appeler le chien de façon insistante, voire énervée ou agressive et plus il va ralentir. Il y a lieu de porter une attention toute particulière à cette attitude lors des cours d'éducation… il se peut que le chien soit fatigué et vous le montre de cette manière. Il pourra arriver vers vous en faisant un (des) détour(s).

Le chien arrive en faisant, alors il y a quelque chose d'inquiétant pour lui, laissez-le faire. Les chiens ne s'approchent jamais des étrangers de face, cela est considéré comme une menace dans leur langage. Faire des détours face à un congénère ou un humain, permet au chien de montrer qu'il n'a aucune mauvaise intention envers lui. Attention de bien lire ce code, car si le chien arrive droit cela indique que le chien souhaite l'affrontement.

S'asseoir : Si votre chien s'assied systématiquement lorsque vous lui demandez de vous obéir, il faut impérativement prendre un ton moins menaçant pour interrompre clairement l'agression, le stress ou la peur.

Se retourner : Le chien tourne le dos à l'objet ou la personne qui le menace pour montrer qu'il n'a aucune intention agressive, et il fait de même si le comportement de son vis-à-vis le dérange ou l'inquiète. Selon la situation, il peut également le faire pour montrer son manque d'intérêt, voire son dédain face à quelqu'un. L'humain peut facilement reproduire cette attitude en se retournant lorsqu'un chien lui saute dessus, et ainsi lui montrer que cette attitude le dérange.

Se mettre sur le dos : si le chien se roule sur le dos en exposant son ventre et sa gorge et qu'il a les oreilles couchées en arrière, la tête sur le côté, les yeux à moitié fermés, le front lisse, ainsi que la queue ramenée sur le ventre, il s'agit d'une attitude de soumission absolue.

Sternum à terre - fesses en l'air : c'est une attitude de demande de jeux.

Pour avoir une communication avec leur entourage direct, les chiens ont un langage essentiellement corporel, à travers lequel ils utilisent la posture du corps entier, les oreilles, la queue, la tête, le regard et les mimiques faciales. En additionnant et en combinant les signes avec lesdites parties de leur corps, ils vont demander un contact social, faire un appel au jeu, reconnaître un supérieur hiérarchique ou encore menacer.

Malheureusement, la plupart des maîtres interprètent souvent à tort le langage corporel du chien et le comparent aux attitudes humaines.

Le fait de pouvoir décoder correctement les messages évitera les incompréhensions.

Apprendre à comprendre le langage de votre chien entraîne des sensations nouvelles et des plaisirs insoupçonnés dans votre relation avec votre chien.

Il est très important de toujours garder à l'esprit qu'il s'agit d'une interprétation de leur langage, et qu'en aucun cas, on ne peut être convaincu de l'exactitude des déductions. L'humilité et le respect sont donc de mise, avant de tirer des conclusions trop hâtives.

Le chien qui n'est pas compris utilisera son dernier recours, à savoir une réaction défensive pour se protéger (morsure). N'oubliez pas l'étiologie, le chien descend du Loup.

Les signaux d'apaisement ont pour but de diminuer et de prévenir l'agressivité, le stress et la peur. Ils permettent l'installation d'une relation de confiance, de sécurité et de compréhension mutuelle entre chiens et maître.

LES POSTURES

La posture indique assez précisément l'état émotionnel et les intentions du chien.

Dans la posture de tranquillité, la queue est portée haut, les oreilles sont pointées vers l'avant, le port de tête est haut. Tous ces signes révèlent le chien bien psychologiquement.

Dans la posture de défi, la queue est raide et immobile, les poils de l'échine dorsale sont dressés, les oreilles sont tendues vers l'avant, la gueule est entrouverte laissant apparaître les crocs, et la position bien campée. Tous les signes indiquent que le chien a l'intention de vous soumettre ou soumettre son adversaire. Stoppez immédiatement le chien.

Dans la posture de menace craintive, la queue est basse, les oreilles sont couchées, la gueule est largement ouverte, tous les poils sont dressés. Le chien menace mais sans assurance, tous les signes indiquent la peur. Quand un chien menace de cette sorte il va assurément mordre.

Dans la posture de menace assurée, la queue est portée haut et agitée, les oreilles sont vers l'avant, le regard est fixe, autant de signes qui révèlent une tentative de domination sur un rival ou sur vous.

Dans la posture de complète soumission, la tête est basse, les oreilles sont légèrement couchées, la queue est baissée.

CHOISIR SON CHIOT

Je vais d'abord, parlez de vous, futur maître, avant de vous livrer un lot de conseils sur le choix de votre chiot. La petite boule de poils, c'est tout beau, tout mignon. Êtes-vous sûrs de votre choix ?

Un chien c'est pour 12 à 14 ans de vie commune avec un compagnon.

Êtes-vous joueurs — pas de poker ou de roulette russe — mais de balle, ou de Frisbee. Le jeu est le secret pour établir une connivence avec votre chien. Si vous associez le jeu et la récompense alors ce sera gagné. Mais attention, l'usage de la récompense est un art. L'objectif n'est pas d'avoir un chien dépendant à la croquette.

Je vais faire des grincheux, mais un chien ne s'achète pas en animalerie, et surtout pas chez un particulier non déclaré comme éleveur et qui aurait de magnifiques chiots sans LOF. L'élevage est depuis janvier 2016 réglementé. C'est une affaire de professionnels.

Nous allons tordre le cou une fois de plus à une idée reçue. Un chien dominant cela n'existe pas. Le chien réagit à un phénomène de meute, il ne sera jamais dominant ou soumis, il évoluera dans une palette de comportements en fonction du contexte et de son caractère. Par contre un chien peut avoir plus ou moins de caractère, être plus ou moins craintif ou insociable. Un test vous aidera à comprendre le caractère du chiot, et l'éducation jouera alors pleinement son rôle. Un chien garde doit avoir du caractère, avoir une tendance à l'autonomie, voire à l'indépendance.

Vous devez visiter le site du Club de la race, le CFBA. S'il y a une portée elle est annoncée sur le site. Et seul les élevages sérieux qui se conforment à l'orientation du club de race, sont référencés. Une fois repéré la portée, il faudra sur le site du club regarder la cotation des chiens reproducteurs de l'élevage, mais aussi les cotations en général des chiens de l'élevage. Je vous conseille de prendre contact avec le CFBA.

Vous devrez visiter l'élevage, il ne faudra pas décider avant, et surtout pas par téléphone. Vous prendrez rendez-vous pour une visite.

Lors de la première visite de l'élevage, faites confiance à votre instinct, soyez observateurs, questionnez l'éleveur. Avec ce livre vous saurez déjà beaucoup de choses. Vous allez vivre de dix à quatorze ans, avec votre compagnon. Voyons, c'est sérieux.

C'est très intime. Vos enfants joueront avec votre chien. C'est essentiel que votre chien soit sociable. Attention, avec un enfant ne perdez jamais le chien de vue. Quelle que soit la race du chien cette règle est essentielle.

Pour choisir votre chiot il y a le test comportemental élaboré par le psychologue William Campbell à la fin des années soixante, qui a été créé pour prévoir les tendances comportementales des chiots soumis aux ordres et à la domination (physique et sociale) de l'homme.

Son but est d'aider un acquéreur potentiel à choisir, à l'intérieur d'une portée, le sujet le plus adapté au milieu et à la famille dans lesquels il est appelé à vivre.

Le test de Campbell est très utile si l'on n'attend pas d'autres résultats que ceux prévus à l'origine par ce test : ce n'est ni un test d'intelligence ni un test d'aptitude, et l'on ne peut donc pas considérer qu'il va nous fournir des indications allant dans ce sens.

Dans quelques cas seulement, avec des races au caractère très particulier – comme le Chow-Chow –, le test de Campbell ne donne pas de résultats fiables.

Le test se fait entre quarante à cinquante jours, il dure une demi-heure. Il se réalise, dans un lieu isolé, tranquille, n'offrant aucune distraction, et clos. Il doit y avoir une entrée parfaitement identifiable. Il est indispensable que ce lieu, situé à l'extérieur ou à l'intérieur soit clos, et si possible soit absolument inconnu du chiot.

Le futur propriétaire du chiot doit demander à exécuter le test lui-même. Le test permet de mesurer le futur lien chien - Maître.

Si l'éleveur vous dit qu'il a déjà soumis la portée au test, demandez-lui gentiment l'autorisation de le refaire vous-même. S'il refuse, à vous de juger l'éleveur. Sûrement sa notoriété est surfaite. Méfiez-vous des éleveurs qui refusent, ce n'est pas eux qui payent les pots cassés surtout avec un Groenendael.

Vous prenez vous-même le chiot que vous envisagez et vous le conduisez dans une zone choisie pour le test. Cette zone est évidemment convenue avec l'éleveur.

Vous ne devez pas parler au chiot, ni l'encourager, ni le caresser. Si le chiot fait ses besoins pendant le test, ignorez la chose et ne nettoyez l'endroit que quand le chiot sera parti.

Attraction sociale : Posez délicatement le chiot au centre de la zone de test et éloignez-vous de quelques mètres dans la direction opposée à celle de l'entrée. Accroupissez-vous ou asseyez-vous en tailleur et tapez doucement dans vos mains pour attirer le chiot, il doit vous rejoindre.

Aptitude à suivre : Partez d'un point situé à proximité du chiot et, éloignez-vous du chiot en marchant normalement. Le chiot doit vous suivre tout de suite.

Réponse à la contrainte : Accroupissez-vous, retournez délicatement le chiot sur le dos et maintenez-le dans cette position pendant 30 secondes environ en laissant votre main sur sa poitrine. Le chien se rebelle puis se calme et vous lèche.

Dominance sociale : Baissez-vous et caressez doucement le chiot en partant de la tête et en continuant par le cou et le dos. Le chiot se retourne et vous lèche les mains.

Dominance par élévation : Prenez le chiot sous le ventre en croisant vos doigts, les paumes des mains vers le haut. Soulevez-le légèrement du sol et maintenez-le ainsi pendant 30 secondes environ. Le chiot se rebelle puis se calme et vous lèche les mains.

Le test complet est modulable, en fonction des réponses, je vous ai donné les meilleures réponses du chiot.

Certains chiots ont tendance à réagir d'une façon agressive et pourraient même mordre. Ils ne conviennent pas à une famille avec des enfants ou des personnes âgées, car ils ont trop de caractère et sont à réserver à un maître averti qui veut faire de l'activité canine.

Certains chiots ont tendance à se faire valoir, sans toutefois atteindre des excès. Ils ne sont pas recommandés dans les familles où vivent déjà des enfants en bas âge ou d'autres chiens du même sexe.

Certains chiots, sont extrêmement soumis, et devront recevoir beaucoup de douceur et de gratifications pour avoir confiance en eux et parvenir à s'adapter le mieux possible au milieu humain. Ils cohabiteront difficilement avec des enfants.

À vous de situer le chiot en fonction du test. Le chiot a répondu comme je vous l'ai indiqué, il est complètement équilibré et pourra s'adapter partout, même s'il y a des enfants ou des personnes âgées. Il a un degré élevé de docilité.

Comprenez que nous n'appréhendons pas le caractère qui est un facteur lié à la meute, mais bien la docilité et donc la facilité d'éducation.

Maintenant vous pouvez réserver votre bébé chiot. Vous poserez une option ferme et vous donnerez un acompte.

L'ARRIVÉE DU CHIOT

Avant de voyager, vous avez réglé les dernières formalités, et vous avez été particulièrement attentifs aux vaccinations. Vous avez un carnet de santé, un Livret des Origines Familiales, un carnet de vaccinations et une facture.

Pour votre voyage, le chiot est un être fragile qui va pour la première fois vivre ce qui est pour lui un drame. Alors soyez compréhensifs envers votre chiot.

Vous ferez une halte par heure. Vous avez de l'eau, une gamelle, du papier absorbant, deux serviettes, et une vieille chemise à vous.

Pourquoi vous demandez-vous ? Eh bien la chemise va beaucoup servir plus tard car elle sera imprégnée de votre odeur, et deviendra une ancre pour le chien.

Lorsque le chiot entre à la maison, il faut qu'il trouve un coin prêt pour lui. Il aura un panier avec un tapis moelleux. S'il vous plaît éviter l'osier car le chiot va déchiqueter et engloutir des morceaux. Vous aurez prévu deux écuelles si possible en acier et des jouets. Il devra y avoir deux types de jouets, pour s'amuser, et pour travailler.

Ne donnez pas de jouets en mousse ou en plastique que le chiot va détruire et dont il avalera des morceaux. Je préconise une balle ronde, une balle ovale et une barre en élastomère. Je ne suis pas sponsorisé, alors je m'autorise à vous conseiller la marque Kong qui est à mon sens la plus résistante et qui est ajourée pour mettre des friandises dans les jouets. Je renouvelle peu les jouets de mes quatre chiens en privilégiant la résistance.

Le poids des chiens pèsera à terme sur leurs articulations non protégées par du poil, et cela engendrera des calcites aux coudes des pattes. Offrez à votre chiot un coussin de panier très confortable et si possible avec une housse lavable.

Il ne faudra pas donner de suite ses jouets au chiot. Vous devrez attendre au minimum trois jours avant de jouer avec lui. Ensuite vous pourrez en laisser à la disposition du chiot.

Les jouets de travail vous les garderez pour l'apprentissage avec le chien. Cette procédure est la base de l'éducation du chien.

Le chiot en arrivant va devoir s'habituer à son chez lui et à sa nouvelle famille. Soyez patients, laissez le chiot prendre ses marques. Vous devrez attendre que votre chien soit en sécurité et se sente protégé avant de le solliciter.

À son arrivée, vous allez d'abord continuer les câlins, puis doucement à son grès laisser le chiot explorer sa nouvelle maison. À ce moment-là, il y aura peut-être un besoin urgent. Vous devez faire, comme si de rien n'était. S'il vous plaît ne montrez pas au chien que vous nettoyez, ne marquez pas le moment des besoins sinon vous augmenterez le temps que le chiot mettra à être propre.

Si vous avez un jardin, vous pourrez anticiper le moment du besoin urgent. Votre chiot sera très vite propre.

Le chiot fourrera son museau partout, laissez-le faire pour qu'il puisse se familiariser avec son milieu. Comme il va à un moment faire une bêtise, votre première leçon d'éducation va commencer.

Vous devez savoir dire « **NON** » et de façon sèche. C'est très important.

Ne vous inquiétez pas, si vous devez répéter. Pendant

les deux premières semaines, c'est juste un « **NON** » que vous répéterez autant de fois que nécessaire. Surtout il ne doit pas y avoir de punition.

Ne vous précipitez pas au moindre gémissement du chien, sous peine d'en faire un mauvais comportement.

Le chien vit sa vie, vous vivez la vôtre. Ce n'est pas le chien qui décide quand jouer, se reposer ou sortir.

Éviter l'accident en apprenant à bien soulever le chiot, mettez une main sur la poitrine, mettez l'autre main sous les fesses.

Après une semaine vous ne direz « **NON** » que deux fois. Si le chien continue, vous n'insisterez pas. Vous changerez de stratégie. Première leçon il ne faut pas crier. Deuxième leçon il ne faut jamais toucher le chien pour le contraindre.

Vous allez associer l'ordre « **NON** » à un bruit. J'utilise une bouteille d'eau en plastique vide remplie de petits cailloux et bien bouchonnée. Vous lancerez la bouteille à droite ou à gauche du chien en donnant sèchement l'ordre « **Non** ». S'il vous plaît ce n'est pas un jouet mais un outil d'éducation, alors ne donnez pas la bouteille au chiot. Je dis à droite ou à gauche et suffisamment loin de lui. C'est juste fait pour détourner son attention. L'erreur sera de toucher le chien avec la bouteille car vous le rendrez peureux.

Le chiot devra rester une semaine dans sa maison avec sa famille. Il ne devra pas rester seul car il serait désorienté et stressé. Et malheureusement votre chiot répondra à sa façon à son déséquilibre. Oui bien sûr il y a la propreté. Pensez-vous que le chiot fera dehors ? Essayez. Mais attention à ne pas exposer le chiot car son système immunitaire est inexistant pour l'instant.

Après une semaine, sortez et laissez le chien seul chez vous cinq minutes puis revenez. Félicitez-le, il est resté tranquille, il sera content de vous revoir. S'il a fait un besoin, ou une bêtise, faite comme si de rien n'était. Vous pourrez diminuer le temps, et mettre trois minutes. En général nous commençons par cinq minutes, puis dix minutes, faites-le tous les jours, et augmentez la durée. Le chien n'a pas la notion du temps. Mais, il a peur de l'abandon. Alors transformez la notion d'abandon en attente positive.

Ne loupez pas l'éducation de base.

À partir de deux semaines chez vous le chien devra sortir et là aussi vous devrez respecter une procédure. Pour sa première sortie le chien sera avec une laisse et un collier en cuir et surtout pas de collier étrangleur et encore moins de collier électronique.

Vous maîtrisez le premier commandement qui est le « Non ». Vous allez travailler l'ordre « Au pied ». Vous vous rendez dans un endroit calme et vous allez apprendre au chien à marcher à côté de vous. Commencez par mettre votre chien à votre gauche, puis commandez « nom de votre chien - au pied » et avancez la jambe gauche. Le mousqueton doit tomber librement, le chien doit avoir les épaules au niveau de votre genou. Le chien doit vous suivre mais pas vous devancer. Surtout allez-y doucement, vous ne corrigez pas le chien, vous lui apprenez. Ne vous inquiétez pas, il comprend.

Votre ordre sera toujours « nom de votre chien - au pied » et vous ramènerez délicatement le chien en bonne position. J'ai dit délicatement car c'est un chiot. Mais il a le droit de sortir, et en tout cas il ne doit pas apprendre un mauvais comportement. N'allez pas vous compliquer la vie, pour plus tard.

Le chien est en apprentissage. Soyez compréhensifs. Avez-vous appris immédiatement ?

Pour l'instant limitez-vous à l'apprentissage de la marche en laisse. Et ne brûlez pas les étapes. Vous avez remarqué que nous avons commencé tôt son éducation.

Les sorties devront être progressives en durée et en complexité. N'exposez pas votre chiot au centre-ville un samedi aux heures de pointe.

Commencez par des balades en campagne, puis en ville

dans un endroit protégé du trafic, puis petit à petit exposez le chien.

Tôt ou tard votre chien aura peur. S'il vous plaît n'ancrez surtout pas ce comportement. Faites comme si de rien n'était et continuez à marcher. Il ne faut jamais féliciter un chiot pour un comportement inadéquat.

Je vous résume ma méthode pour le chiot : l'ancrage et le renforcement positif. Rien d'autre.

Quand on désire un peu de tranquillité à la maison, on peut utiliser un enclos pour chiot. Le chien doit avoir un repère, c'est son panier. Il doit de lui-même s'habituer à s'y rendre. C'est son coin, vous n'avez pas le droit d'y aller.

Vous pouvez aussi avoir une cage de transport métallique. Il faut l'y habituer dès son plus jeune âge, en le mettant dedans. J'utilise des cages de transports homologuées pour le transport en avion.

Pour amener le chien à utiliser son panier puis à accepter sa cage de transport, il faut y placer au début un os à mâcher, ou de la panse à mordiller ou des oreilles à lécher, et son jouet préféré mais surtout sous le coussin mettez la chemise qui a été utilisée pour l'arrivée du chien et qui porte votre odeur.

L'ancrage olfactif est une façon de rassurer le chien. Vous voulez l'habituer à rester seul un moment dans la voiture, à l'hôtel, chez des proches, chez des amis, il faudra utiliser l'ancrage olfactif pour que le chien reste serein. Bien entendu l'apprentissage est obligatoire, c'est de l'immersion puis de la répétition. Donc apprenez au chien, puis répétez.

Prenez votre temps, le chien apprend très vite, mais ce n'est pas un robot et parfois il fait son caractère. Dans ce dernier cas restez gagnants en n'insistant pas.

Le chiot ne devra jamais être dérangé lorsqu'il se trouvera dans son panier. Le chiot doit avoir à boire en permanence. Lorsque je me déplace je pense à amener de l'eau pour le chien. Un chien boit beaucoup, et de l'eau saine et propre.

Le chiot mange à heure fixe une ration prévue et si possible une alimentation de qualité. Il a 20 minutes, puis vous enlevez la gamelle. Ne donnez pas en dehors du repas.

Pour les friandises, vous devez comprendre qu'elles sont nécessaires à l'éducation du chiot et plus tard du chien. Je me répète il faut travailler en renforcement positif. Donc la récompense est un outil d'éducation. Seulement la récompense est calorique. J'utilise du cœur de bœuf qui est une friandise sans gluten, sans sucre, sans sel, encore une fois je ne suis pas sponsorisé, vous trouverez cette friandise chez Albert le chien.

Il est important de commencer très jeune à habituer votre chiot aux soins quotidiens : oreilles, yeux, brossage, un chapitre traite ce sujet.

On peut croire que votre chiot est équipé de piles longue durée, mais il a besoin de beaucoup de repos pour grandir. Plus votre chiot est grand, plus il est enclin à des problèmes d'articulation, et les jeunes chiens peuvent développer des problèmes graves s'ils font trop d'exercice.

Attention aux exercices violents, aux escaliers, aux courses rapides, aux randonnées trop longues, trop d'exercices peuvent nuire à sa santé.

Le chiot ne doit pas dépasser ses propres limites. Vous devez être très prudents pendant sa croissance car il développe son ossature et trop d'exercices peuvent engendrer des accidents.

Limitez vos balades à 5 minutes au début et augmentez progressivement. Ne pas dépasser 30 minutes par séance jusqu'à 8 mois (la croissance rapide se produit entre 2 et 8 mois). Ensuite, continuez très graduellement jusqu'à ses 2 ans.

C'est important de ne pas confondre vitesse et précipitation, dans l'éducation de votre chien.

Les chiots adorent jouer, mais ont besoin de beaucoup de siestes entre les jeux et les repas.

Ne faites pas jouer votre chiot/chien immédiatement

après les repas il risque une torsion d'estomac qui est mortelle si elle n'est pas soignée immédiatement.

François Kiesgen de Richter

LA PROPRETÉ DU CHIOT

Pour votre chiot, la propreté signifie naturellement de ne pas faire sur les lieux de couchage et de nourriture. Le chiot doit donc comprendre la propreté autrement.

Pour faciliter l'apprentissage vous devez respecter quelques règles.

Distribuez la nourriture à heure fixe et si possible pas le soir.

Laissez manger le chien seul au calme et lui retirer sa gamelle vingt minutes après la lui avoir donnée. Qu'elle soit vide ou pas.

Toujours laisser de l'eau propre disponible.

Le chiot se soulage après l'ingestion de nourriture, sortez-le juste après avoir mangé, mais ne le faites pas courir.

Un chiot dort beaucoup, il va donc se reposer de nombreuses heures et souhaite se soulager presque automatiquement à son réveil. Sortez-le juste après le repos.

Un chiot de 8 semaines ne peut pas se retenir plus d'une heure ou 2 dans la journée, 3 ou 4 heures la nuit, donc soyez patients. Vous pouvez compter les heures et sortir le chien. Je vous assure que cela fonctionne très bien, si vous sortez le chien après les repas, après les siestes, après les séances de jeux, le soir avant le coucher et le matin dès le jour et les premiers bruits. Le chien va vite comprendre, et viendra vous alerter.

Il ne faudra pas attendre du chiot une réelle capacité à

se retenir plusieurs heures avant l'âge de 6 mois.

Vous devez sortir le chien trois fois par jour au minimum.

Le chiot parfois va naturellement se soulager dans la maison, surtout ne le punissez pas. Mais n'ancrez pas ce mauvais comportement. Faite comme si de rien n'était.

Sortir le chiot souvent et dès son plus jeune âge est une évidence.

Au début choisissez de le conduire en laisse dans des endroits tranquilles et propres.

Les endroits bruyants, très fréquentés de gens et de congénères sont à proscrire.

Il est conseillé de sortir le chiot avant ses 3 mois. Le risque infectieux est minime. Par contre pour son éducation c'est génial. Il deviendra plus vite équilibré et capable de faire ses besoins en laisse où que vous alliez.

Et même si votre chiot dispose d'un jardin, cela ne dispense surtout pas de le sortir dans la campagne.

Enfin pas de fixation sur la propreté, elle viendra entre six et huit mois.

Tordons une fois de plus le cou à une idée répandue : on ne met pas le museau du chien dans sa merde ! c'est insensé. Vous n'aurez jamais un chien équilibré avec ce genre de méthode. À l'inverse le chien finira par devenir craintif, car la punition l'attend à tout bout de champ.

LA SOCIALISATION DU CHIOT

À partir de sa huitième semaine, le chiot peut de manière légale quitter l'endroit où il est né.

Il va falloir qu'il découvre sa nouvelle « maison » et poursuive l'apprentissage de la vie, de ce qui l'attend dans les mois et années à venir.

Des expériences nouvelles sont indispensables aux chiots pour acquérir un équilibre comportemental satisfaisant à l'âge adulte, cette confrontation avec le monde qui l'entoure devant se réaliser dans de bonnes conditions (absence d'éléments anxiogènes).

Le chiot a grandi aux côtés de sa mère qui s'est occupée de lui, et lui à inculquer quelques règles. Dans le meilleur des cas, il était aussi entouré de frères et sœurs avec lesquelles il a pu échanger, jouer et apprendre aussi le partage. S'il a vécu à la campagne et qu'il se retrouve en ville – ou inversement – cela constitue un premier grand changement dans sa vie.

De nouveaux bruits, puis un nouvel environnement, les premiers jours, cela fait beaucoup d'un seul coup ! C'est pour cela qu'il convient de l'accueillir avec un certain calme.

Le chiot doit une semaine après son arrivée être manipulé régulièrement mais précautionneusement, et confronté en douceur et de manière progressive aux différents bruits de la vie courante, ainsi il sera plus rapidement à l'aise.

Ensuite, il devra être confronté aux bruits, de la télévision, de la radio, de l'aspirateur, du balai que l'on passe non loin de son museau, aux voisins dans l'escalier ou le jardin, aux visites d'amis.

Le chien vacciné, vous devez sortir le plus possible sans craindre pour sa santé. C'est essentiel.

Apprenez-lui progressivement à s'habituer à tous les bruits, à tous les lieux. Ces petites incursions alors qu'il est tout jeune lui éviteront de nombreux problèmes plus tard dans sa vie. Et surtout, surtout faites-lui croiser des gens. Arrêtez-vous, serrer des mains et habituez-le aux enfants de la rue qui veulent le complimenter.

Tordons le cou encore à une idée reçue, le chien ne devrait jamais être caressé par des étrangers, pour préserver son instinct de garde. Pas de chance c'est exactement l'inverse. Il faut le socialiser sinon ce ne sera pas un chien de garde qui sait analyser un danger mais un lion en cage prêt à bondir sur tout ce qui passe à sa portée.

Les chiots devraient être présentés à des enfants de tous les âges, s'il n'y en a pas dans la maison, trouvez-en. Par contre, il doit toujours y avoir un adulte qui supervise lorsque les enfants sont avec le chiot de manière à ce que les jeux ne deviennent pas trop houleux et que le chiot ait une expérience positive.

Éduquer le chiot en l'habituant aux autres chiens est essentiel. Une des meilleures manières d'apprendre les bonnes manières canines est de permettre à votre chiot de rencontrer des chiens adultes. Les chiens adultes font attention aux chiots, c'est leur nature. Exposez le chiot progressivement à des congénères adultes, et s'il y a agressivité vous devez stopper immédiatement le chiot. De sa faute ou pas, provoqué par un autre ou pas, peu importe.

Si le chiot fait mal à l'adulte, lors d'un jeu, le gros chien trouvera une manière d'arrêter le petit, soit avec un grondement soit avec un aboiement. Stoppez immédiatement votre chiot. Ces conseils sont essentiels pour l'éducation.

Apprenez à votre chiot à accepter d'être manipulé par

d'autres que vous dès son plus jeune âge. Demandez à vos amis de procéder doucement à l'examen des oreilles, des yeux, de la queue, des gencives et des dents de votre chiot.

Donnez une petite récompense au chiot pour avoir permis ceci. Par contre la récompense ce n'est que vous. Essayez de vous souvenir de cette règle. Ne permettez à personne de nourrir votre chien, c'est la base de l'éducation au refus d'appât. De cette manière, les chiots apprendront qu'être manipulés par tout un tas de gens est une expérience agréable et manger ce n'est que sur indication du maître. Pour les obligations de pension, il faudra que le chien soit présenté à l'accueillant et progressivement immergé (une heure en pension, puis deux…), ne mettez pas le chien en pension avant son éducation complète c'est-à-dire dix-huit mois.

Je sais, faire garder son chien est une contrainte, pensez-y avant et choisissez une personne de confiance et averti. Les traumatismes psychologiques liés au sentiment d'abandon existent dans ce cas, alors éviter absolument l'autoritarisme d'un inconnu ou pire de la violence. La solution c'est un ami connu du chien, avec qui vous préparerez la transition progressivement, voilà c'est ce que je fais.

Plus il aura de contacts avec divers milieux et différentes personnes, moins votre chien sera craintif et plus il aura confiance en lui. N'arrêtez jamais de le socialiser, car à la phase d'adolescence (vers 8 mois), votre chien aura tendance à devenir craintif et à oublier tous ses acquis s'il n'a pas été assez en contact avec différentes choses et situations.

Il faut exposer le chien jeune à beaucoup de situations différentes, en allant de manière croissante des situations les plus confortables aux situations les plus stressantes. Par exemple une balade en laisse en campagne est très confortable, mais un feu d'artifice est très stressant pour un chien.

LE CSAU ET LE TAN

Le TAN (Test Aptitude Naturelle) est un test qui permet de s'assurer de la sociabilité du chien. Le CSAU (certificat de sociabilité et d'aptitude à l'utilisation) est un test qui permet de valider l'aptitude du chien à pouvoir travailler.

Le TAN s'inscrit dans un programme de sélection et permet de valoriser les bonnes facultés mentales. C'est très important.

Le TAN n'est pas une évaluation comportementale. Il n'est nullement demandé une obéissance rigoureuse du chien pour le passer.

Pour le CSAU d'un Berger Belge Groenendael, il faudra être membre du club de race Club Français Chien Berger Belge ou d'un club d'utilisation ou d'une société canine régionale. Il faudra fournir au juge le jour du test, une photocopie de la carte de membre et du certificat de naissance si la confirmation est passée le même jour, sinon il faudra présenter au juge l'original du pedigree.

Le maître présentera le chien au juge. Le chien se laissera caresser. Le chien devra ensuite effectuer une marche, sans tirer sur la laisse. Puis le chien sera mais au assis ou couché, ou debout, sans bouger, puis le maître s'éloigne à une vingtaine de mètres, le chien est rappelé. Il devra revenir au pied dans un délai de 15 secondes et dans un rayon de 2 m. Ensuite le maître met son chien dans la position de son choix et part se cacher. Après 30 secondes le maître devra retrouver son chien à la place où il l'a laissé. Puis le juge organisera un passage de trois personnes qui évolueront avec leurs chiens au milieu de bruit divers à 5 m, le chien pourra être surpris mais pas apeuré. Enfin le juge organise un croisement avec un congénère entre 1 à 2 m entre les deux chiens. Il ne doit y avoir aucune agressivité. L'attention des juges sera particulièrement portée sur la stabilité psychologique et la sociabilité du chien. Le chien sera déclaré apte ou ajourné.

Je vous conseille de faire passer le CSAU et le TAN à votre chien, car vous pourrez vérifier votre travail d'éducation, et décider ensuite du travail à poursuivre. Pour les disciplines sportives canines homologuées, le CSAU est obligatoire.

Pour un Berger Belge Groenendael le TAN est une appréciation à vue du comportement du chien, puis une appréciation du comportement au coup de feu, et une épreuve de mordant en option.

Le CSAU et le TAN sont des marqueurs des races pour suivre la stabilité des comportements, alors que le LOF est plus orienté sur les caractéristiques physiques.

Il existe aussi des spécificités comme le Certificat Aptitude au Troupeau pour les Groenendael. Et aussi le Test d'Aptitude au Travail de Défense pour les chiens d'utilisation.

L'ACTIVITÉ

l'Agility est une discipline sportive qui consiste à faire évoluer son chien sans laisse ni collier sur un parcours composé de multiples obstacles divers en respectant un ordre de passage défini, et ce en un temps déterminé. Haie, slalom, mur, tunnel sont disposés de manière à former un parcours modulable selon le degré de difficulté. Il faut un excellent équilibre psychique pour faire de l'Agility. Il faudra faire découvrir cette activité à votre chien. Mais attention, il faut être prudent pour l'ossature et veiller aux risques de blessures. Il est inadmissible de surentraîner des chiens à l'Agility, car c'est sources à terme de problèmes articulaires. La compétition doit s'envisager sans recourir au sur entraînement.

La promenade quotidienne est un bienfait physique et psychique. Vous placez de petits moments de jeux et d'éducation pendant la promenade et ce sera parfait. Certains chiens ont la joie de faire de temps en temps des balades libres – sans laisse – dans les bois, les champs ou sur la plage.

Pour le Canicross les propriétaires, sortent les chiens en laisse. Les chiens doivent marcher à la vitesse de leur compagnon humain, soit entre 3 et 6 kilomètres par heure. Cette vitesse de marche est adéquate pour un petit chien, mais pas pour un Groenendael qui marche à plus de 6 kilomètres par heure. Le chien a plus de plaisir à trotter qu'à marcher : pour lui, marcher à la vitesse de son propriétaire est un effort de lenteur.

Pensez à faire du Trekking. Au-delà de la promenade

journalière, il y a le grand bonheur de partir plusieurs jours en randonnée. Quand la promenade se fait sur plusieurs jours, ponctuée de bivouacs, on l'appelle trekking. Le chien accompagne son maître, il porte son propre bagage. Un chien promené tous les jours, pourra sans difficulté avancer plusieurs heures par jour, plusieurs jours de suite.

Si vous partez plusieurs jours avec votre équipement vous devrez entraîner votre chien à porter son propre équipement. Il doit porter sa nourriture, sa boisson, sa gamelle, dans un à dos adapté. Le trekking est une activité de week-end et de vacances. Attention à la cadence le chien devra pourvoir prendre d'autres allures que la vôtre !

Pensez canicross. Il est plus peinard pour le propriétaire de rouler à vélo tout en faisant courir son chien. Bon, c'est ma méthode, et je suis un fainéant. Ne roulez pas à vélo en tenant votre chien en laisse à la main. Au moindre écart, vous allez vous retrouver le nez sur le bitume. On vend des équipements permettant de fixer la laisse du chien à un système d'attache à l'arrière du vélo. Par expérience il faut entraîner le chien progressivement. Il doit parfaitement comprendre à droite, à gauche, stop…

Pensez au flyball. C'est une course de relais mettant en compétition deux équipes de 4 chiens (ou plus) sur des parcours parallèles. Les chiens doivent courir et sauter 4 haies séparées de 3 mètres, atteindre une boîte, pousser sur un levier, déclencher l'éjection d'une balle à 60 cm de hauteur, la capturer et la ramener au point de départ, sans la lâcher, en passant à nouveau au-dessus des haies.

Penser à faire sauter votre chien, ce qui permet de muscler les fessiers, ce qui entraîne une meilleure coaptation de la hanche, et réduit donc le développement de l'arthrose. Sauter est donc bénéfique pour les hanches, mais plus traumatique pour les membres antérieurs et, donc, à éviter pour les chiens avant 18 mois ou qui souffrent de dysplasie du coude et d'ostéochondrite disséquante des épaules. Et encore une fois pas de surentraînement en Agility.

Pensez au dock Jumping. Il s'agit d'un concours de saut en longueur : le chien saute d'une plateforme dans l'eau. La distance sautée est mesurée depuis la fin de la plateforme jusqu'à la base de la queue du chien au moment où il tombe dans l'eau. Le record du monde actuel est de 8,80 mètres.

Pensez aux courses après des leurres. Les chiens galopent à la poursuite d'un leurre sur un circuit approprié (cynodrome).

Pensez au coursing, qui est une course en ligne droite, dans la nature. Les chiens partent dans des boîtes de départ.

Pensez au doxotraining, qui est une course en zigzag, dans la nature pour les Bergers ou en cynodrome.

Pensez à la nage. Les chiens se débrouillent bien en milieu aquatique.

Il ne suffit pas de faire courir votre chien pour qu'ils soient heureux, il lui faut des activités variées et nouvelles.

Si vous avez du temps, si vous êtes un passionné, si vous êtes un maître averti, alors choisissez le sport roi pour un Groenendael le RCI. Il faudra commencer très tôt et avec un professionnel canin avant de passer en club, le Groenendael demandera un peu plus de temps que le Malinois pour gagner sa pleine assurance, mais ensuite il sera plus régulier.

Concours international s'il en est le RCI est la seule épreuve qui permet d'acquérir le titre de Champion International de travail. Ce concours a vu le jour dans les années cinquante sous l'initiative de la France, l'Allemagne, le Luxembourg, la Suisse et l'Italie qui décidèrent d'une réunion des compétiteurs annuelle. Le RCI comprend trois parties, le pistage, l'assouplissement à travers le saut et la défense. Chacune des disciplines est notée sur 100 points. Pour obtenir la mention « excellent » il faut faire 96 % des points soit 288 points minimum

À ceux qui vous disent que le RCI est réservé au Malinois, invitez-les à découvrir Royal Duc des Pistes

Noires, Breveté Défense - 12 concours RCI 3. Je ne suis pas sponsorisé par l'élevage des pistes noires, mais en tant que propriétaires avertis et écrivain canin animalier mon conseil est de vous adresser à ce genre d'élevage qui ne fait pas que la beauté, mais dont les reproducteurs font des concours canins.

L'HYGIÈNE DU CHIEN

Même si le Groenendael est, comme les autres Bergers, un chien robuste qui jouit généralement d'une bonne santé.

Plusieurs problèmes de santé peuvent toucher le Groenendael, notamment des problèmes de dos et de hanches.

Aujourd'hui, les meilleurs éleveurs n'utilisent pour la reproduction que des sujets triés pour la reproduction. Des radios et des tests sont réalisés sur les reproducteurs en âge adulte pour faire de la prévention. Le chien ne sera pas reproducteur s'il est atteint.

Il existe un syndrome de dilatation torsion gastrique auquel vous devez faire attention. : c'est le retournement de l'estomac. Il arrive si le chien se met à l'effort après avoir mangé. C'est vrai pour tous les chiens.

Je ne suis pas un fan de la nourriture en fin de journée, avant de dormir. Mais c'est une solution.

Je nourris mes chiens, en début de matinée et j'attends la digestion. Je donne 60 minutes au calme pour digérer.

Exactement comme pour tous les chiens une surveillance est nécessaire. Mon objectif est d'être exhaustif, dans la présentation d'une race. La race du Groenendael n'a pas plus de faiblesses que les autres, elle a comme pour toutes races ses singularités.

Comme un maître prévenu en vaut deux, c'est très bien de vous informer. Les chapitres sur l'arrivée du chiot, et sur les soins vous aideront.

À titre personnel, je passe un bon coup de brosse 3 à 4 fois par semaine pour garder son poil propre, sain et brillant. Une fois par mois je mets de la levure de bière dans la nourriture. (Pas de la bière ! de la levure).

Les bains fréquents ne sont pas recommandés, cela risquerait d'affaiblir l'imperméabilité de son pelage.

Vous devrez lui administrer un traitement anti-puces et tiques pendant les saisons chaudes ainsi qu'un vermifuge deux fois par an et ne pas oublier la visite annuelle chez le vétérinaire pour son rappel de vaccin.

Attention le carnet de santé et le suivi médical sont obligatoires. En fonction des régions et des risques votre vétérinaire vous conseillera, d'autres vaccins peuvent s'avérer nécessaires ainsi que d'autres protections.

Une alimentation sous forme de croquettes de bonne qualité est recommandée afin de respecter les besoins nutritionnels du chien. Si possible faites confiance à votre vétérinaire car une bonne alimentation est indispensable.

Le Groenendael est un chien fait pour vivre à l'extérieur. Il subit une mue deux fois par an (au printemps et en automne) en lien avec le changement de luminosité à ces périodes.

Les chiens vivant en intérieur perdent leurs poils toute l'année avec des périodes plus fortes au printemps et en automne.

Par sa forte densité de poils, le Berger Hollandais doit être brossé chaque jour pendant la période de mue.

Cette race a besoin d'explorer plusieurs territoires. Qu'il vive en appartement ou en maison, le Groenendael ne peut se contenter d'une simple sortie de 5 minutes pour les besoins. Rester bloquer dans un jardin n'est pas fait pour lui. Il lui faut donc une promenade quotidienne.

Je vous donne ici, les soins réguliers que vous devez prodiguer à votre Groenendael, ainsi que des conseils généraux :

Les oreilles : vérifiez régulièrement la propreté des oreilles de votre chien. En cas de besoin il faut les nettoyer avec une lotion adaptée (vous les trouverez chez votre vétérinaire, en pharmacie ou en animalerie) en utilisant une "lingette" ou du coton. N'utilisez jamais de coton-tige, vous pourriez blesser votre chien en cas de mouvement brusque de sa part et de toute façon vous ne feriez que tasser les saletés dans le fond du conduit.

Les yeux : nettoyez-les régulièrement avec une lotion spéciale. Tout écoulement anormal doit être immédiatement signalé à votre vétérinaire.

Les dents : surveillez attentivement l'état d'entartrage des dents. Le tartre est responsable de problèmes graves tels que le déchaussement précoce, la mauvaise haleine, les abcès dentaires ;

Pendant la croissance de votre chien vérifiez régulièrement sa dentition : ses dents de lait vont tomber lorsqu'il aura environ 4 mois. Cela peut passer de façon inaperçue car il va en avaler une grosse partie. En cas de doute sur le changement de dents de votre chiot, demandez conseil à votre vétérinaire.

Les griffes : en principe elles doivent s'user régulièrement avec la marche sur sol dur.

Bain : vous pouvez baigner votre chiot 8 jours après le premier rappel de vaccins. Utilisez toujours un shampooing spécial chien (animalerie et pharmacie) et prenez soin de bien le sécher après (attention au sèche-cheveux qui peut lui brûler la peau si vous le mettez trop près). Idéalement, l'eau du bain doit être tiède. N'abusez pas des bains.

Il est important de commencer très jeune à habituer votre chiot à tous ces soins, vous aurez moins de difficultés à le faire examiner par votre vétérinaire et à le toiletter par la suite.

On peut croire que votre chiot est équipé de piles longue durée, mais il a besoin de beaucoup de repos pour grandir. Plus votre chiot est grand, plus il est enclin à des problèmes d'articulation, et les jeunes chiens peuvent développer des problèmes graves s'ils font trop d'exercice.

Attention aux exercices violents, aux escaliers, aux courses rapides, aux randonnées trop longues, trop d'exercices peuvent nuire à sa santé.

Le chiot ne doit pas dépasser ses propres limites. Il faut être très prudent pendant sa croissance (au minimum durant la première année du chiot) car il développe son ossature et trop d'exercices peuvent engendrer des problèmes d'articulations. Limitez vos balades à 5 minutes au début et augmentez progressivement. Ne pas dépasser 15 minutes par séance jusqu'à 8 mois (la croissance rapide se produit entre 2 et 8 mois). Ensuite, continuez très graduellement jusqu'à ses 2 ans.

Les chiots adorent jouer, mais ont besoin de beaucoup de siestes entre les jeux et les repas.

Ne faites pas jouer votre chiot/chien immédiatement après les repas il risque une torsion d'estomac qui est mortelle si elle n'est pas soignée dans l'immédiat.

Pour prendre soin de votre chien, il faut vous équiper avec : ciseaux, pince à épiler, seringue anti-venin, coupe griffe, attelle, canne télescopique. Attention, vous n'êtes pas vétérinaires. Il est utile de prévoir quelques médicaments chez soi et en déplacement pour assurer soins et gestes de première urgence.

Il faut : des compresses, du désinfectant, du sparadrap, des bandes, du savon de Marseille, un sérum physiologique pour les yeux, une crème antibiotique pour les plaies, de l'éther pour les tiques, un pansement intestinal pour les diarrhées. Vous faites de la randonnée, vous partez sur une nationale, organisée par la ou par votre club. Vous voyagez en camping-car. Vous partez dans un gîte isolé. Alors vous devez rajouter : une boîte d'antibiotiques pour éviter les allergies, un anti-vomitif, une protection contre les puces, un vermifuge, une crème contre la maladie de la gale pour les oreilles et une crème anti-aoûtats.

Vous pouvez également constituer une pharmacie médicale en cas de troubles légers ou pour prendre les premières mesures d'urgence puis consulter pour des symptômes qui durent. Voici les produits en fonction des différentes affections.

Pour les problèmes de peau il y a les antiseptiques représentés par l'alcool, la Bétadine, l'alcool iodé, le bleu de méthylène, l'eau oxygénée, l'éther ou la solution de Dakin. Attention Ces produits sont souvent irritants en solution pure. La dilution dépend du produit et de son utilisation ponctuelle. Le savon de Marseille est l'antiseptique le plus simple qui, utilisé correctement, est très efficace pour la désinfection des plaies diverses.

Une plaie infectée doit être savonnée, rincée à grande eau. On applique ensuite des antiseptiques, de l'alcool ou de la teinture d'iode. L'eau oxygénée est très utile pour rendre une plaie propre. Elle permet, en effet, d'ôter toutes les traces de sang. Les sprays antibiotiques s'utilisent pour éviter les infections locales.

Pour tous les autres problèmes de peau, il vous faudra un produit contre la gale à base de Lindane, un produit antimycosique pour la teigne en spray et en comprimés. Une lotion anti-inflammatoire vous permettra de lutter contre les allergies et eczémas divers.

Pour les troubles digestifs la diarrhée est fréquente chez les chiens. Il est indispensable que votre pharmacie comporte un pansement gastrique sous forme de poudre ou de gel, un antispasmodique pour lutter contre les mouvements de l'intestin. Il faudra prévoir avec votre vétérinaire un antibiotique agissant sur les germes digestifs. Pour la constipation, de l'huile de paraffine sera parfaite.

Pour les infections les antibiotiques sont obligatoires pour pallier toute infection. Attention Une ordonnance doit toujours les accompagner. Concertez-vous avec votre vétérinaire en lui expliquant que vous vous déplacez souvent même le week-end et qu'il n'est pas aisé de trouver des urgences pour chien un dimanche après-midi à Aubigny-sur-Nère par exemple.

Vous déterminerez avec votre vétérinaire la liste d'antibiotiques en fonction de votre chien.

Il est essentiel de choisir un bon élevage, qui évite les croisements consanguins et pratique une sélection rigoureuse des reproducteurs et qui vous fournira les conclusions des radios des hanches des reproducteurs.

LA SEXUALITÉ DU CHIEN

La maturité sexuelle du chien se produit autour du septième mois chez le mâle, et entre sept et dix mois chez la femelle. Par contre, le chien peut manifester des désirs sexuels dès l'âge de sept semaines, sous forme de jeux où l'accouplement est simulé. La femelle connaît des périodes de chaleurs ou œstraux, en général, tous les six mois. Il arrive que cet intervalle varie entre 4 et 8 mois. Ces périodes se produisent au printemps et à l'automne ; elles correspondent à l'ovulation et dure de 15 à 20 jours. La fécondation peut se produire entre le septième et le quatorzième jour. L'urine contient alors des phérormones qui attirent les mâles. La chienne a des segments généralement appelés menstruations, bien que le terme exact soit diapédèse. Il s'agit de globules rouges qui traversent la paroi. Si un mâle montre de l'intérêt, la chienne fera savoir son contentement en plaçant sa queue de côté, pour présenter son vagin.

Lors de copulation, un bulbe sur le pénis du chien se gorgera de sang. Le chien ne pourra se séparer de la femelle tant qu'il ne se désengorgera pas, cela peut prendre de 15 à 20 minutes. Attention, il est très important de ne pas tenter de séparation sous aucun prétexte cela risquerait de déchirer le vagin de la femelle.

Si vous voulez faire s'accoupler deux chiens, il est préférable d'emmener la femelle chez le mâle car ce dernier peut refuser de copuler en territoire inconnu ou s'il a peur. Il est à noter que le mâle est le seul à posséder un os dans le pénis, appeler os pénien. Il arrive qu'il y ait des cas d'homosexualité chez le mâle. Ce comportement est dû à une frustration sexuelle. Cette frustration peut provoquer de l'agressivité et des fugues. Chez la femelle, les fugues sont un peu plus rares, mais elle peut devenir surexcitée.

De nombreuses personnes ont aujourd'hui encore du mal à prendre la décision de faire stériliser leur chienne. Pourtant, si vous ne désirez pas faire un élevage, c'est la meilleure solution pour éviter à votre animal de nombreux problèmes de santé.

Il ne faut pas considérer la stérilisation comme une mutilation qui rendra votre animal malheureux. Il faut savoir que le comportement d'une chienne dépend surtout de son instinct et de ses hormones. Les chaleurs apparaissent environ deux fois par an, et durent en général 3 semaines. Hormis ces deux périodes de l'année, sachez que votre chienne n'a nulle envie de se reproduire et, contrairement aux idées reçues, elle n'a pas besoin d'avoir été au moins une fois en relation avec un mâle pour être équilibrée.

Il faut savoir que la contraception par piqûres ou par comprimés n'est pas la solution optimale, mais est une bonne approche.

Le traitement va supprimer les chaleurs mais n'aura aucun effet sur les autres problèmes hormonaux, dus à la présence des ovaires, et qui peuvent entraîner parfois des maladies. Dans la nature la louve n'est pas stérilisée, sa mortalité n'est pas supérieure aux chiennes. Pour moi le problème est surtout de ne pas faire l'apprenti éleveur.

La stérilisation chirurgicale a pour but l'ablation des ovaires, avec ou sans l'utérus. Cette opération est très commune et pratiquée par tous les vétérinaires. Certains vétérinaires conseillent de faire stériliser la chienne entre les premières et deuxièmes chaleurs.

Chez les Staff entre quinze et dix-huit mois, c'est bien, mais prenez conseil auprès de votre vétérinaire.

Vous pouvez également opter pour la ligature des trompes. Mais sachez que cette intervention ne supprime pas les chaleurs. Votre chienne ne pourra simplement pas avoir de petits.

La stérilisation augmente les risques de prise de poids. Il est très important de surveiller l'alimentation de la chienne pendant les 3 mois qui suivent l'opération et de lui faire faire de l'exercice. sachez enfin qu'une chienne stérilisée aurait tendance à vivre plus longtemps qu'une chienne entière car elle aurait moins de risques potentiels de santé. Je ne sais pas, discutez-en avec votre vétérinaire et prenez plusieurs avis.

Aujourd'hui encore, de nombreuses personnes ne veulent pas castrer leur chien, par crainte que l'animal soit malheureux. Il faut savoir que le comportement du chien dépend surtout de son instinct et de ses hormones, et qu'il ne sera pas malheureux s'il est castré. S'il n'est jamais en présence d'une femelle en chaleur, un chien n'éprouvera pas le besoin de se reproduire. Ainsi, la castration, contrairement aux idées reçues, ne vient pas perturber l'équilibre général d'un chien.

La situation est au contraire plus compliquée s'il est stimulé par la présence de femelles, mais qu'il n'y a pas de contact physique. Le chien sera alors surexcité et il faudra avoir recours à un traitement hormonal pour le calmer. De plus, sachez que les risques pour la santé de votre animal seraient plus nombreux s'il n'est pas castré. Mais dans la nature le loup n'est pas castré.

La castration se fait vers l'âge de 10 ou 12 mois, avant la puberté.

Les problèmes de santé rencontrés chez les chiens non castrés seraient essentiellement concentrés autour des testicules et de la prostate :

Un chien non castré devient fugueur en période de chaleurs et souvent surexcité. En présence d'une femelle en chaleur, il n'écoutera que son instinct sexuel et ignorera vos rappels à l'ordre. Il faut donc en être averti, et au moins utiliser la castration médicamenteuse en étant prévenant dans les deux périodes à risque.

« La Vasectomie » est une ligature des canaux spermatique. Le chien restera capable de saillir en ouvrant les canaux.

À titre personnel, je suis surpris du discours des comportementalistes canins qui sont en même temps vétérinaires et prônent la satisfaction des besoins primaires du chien mais veulent la contraception irréversible. Avouons que l'acte chirurgical qui rapporte entre 200 et 300 euros reste la contraception.

À titre personnel je pratique la contraception réversible avec mes chiens et une veille attentive lors des moments du Printemps et l'automne.

Pour mes femelles. La stérilisation temporaire e et réversible fait appel à des hormones de synthèse empêchant la survenue de l'ovulation mais aussi des chaleurs. Les molécules utilisées sont en général des dérivés de synthèse de la progestérone (progestagènes ou progestatifs). Il faut les utiliser en anoestrus, pour retarder l'apparition de l'oestrus ou en début de pro oestrus, pour interrompre les chaleurs. Les progestagènes exercent une action hormonale qui va aboutir au blocage de la maturation des follicules et de l'ovulation. L'emploi de progestatifs étant accompagné d'un certain nombre de complications, il conviendra, avant de les utiliser pour la contraception, d'avoir une bonne connaissance du cycle oestral de la chienne, et de faire réaliser examen médical préliminaire par un vétérinaire pour détecter une pathologie qui constitue une contre-indication à l'utilisation de ces molécules. Il conviendra d'être prudent quant à l'utilisation des progestatifs surtout chez les lévriers.

Pour mes mâles je recours à la castration chimique avec implant de Desloreline sous le nom de Suprelorin. Ce dernier libère des hormones en continue qui castrent chimiquement le chien pendant environ 12 mois. La stérilité est effective dans les 4 à 6 semaines après l'implantation. Les effets sont complètement réversibles. L'implant s'injecte sous la peau sans anesthésie générale et ne gêne en aucun cas l'animal. Plusieurs implants peuvent être injectés à la suite.

Je ne suis pas vétérinaire, donc j'invite le lecteur à comprendre que je partage mon expérience. Il faut lire, s'instruire, échanger sur ce sujet, car une contraception définitive est un choix important.

Je précise enfin que j'ai des chiens sélectionnés, qui sont LOF, qui ont passé les tests de sociabilités avec mention « Excellent », qui sont entraînés aux sports canins divers et qui concourent en classe beauté deux à trois par an.

Je ne fais pas d'élevage, mais j'accepte en fonction des femelles ou mâles qui me sont indiquées des reproductions. Seulement cela m'impose de faire les radiographies et les tests ADN. Je trouve dommage si les chiens sont magnifiques, en conformité au standard, et équilibrés psychiquement, de ne pas participer au maintien de la race. Mais si vous ne souhaitez pas vous pliez aux contraintes médicales imposées aux reproducteurs, alors choisissez la contraception définitive.

Mais de grâce que les théoriciens arrêtent de dire des contre-vérités. Les fugues, les bagarres entre mâles, les comportements de domination, le marquage, se gèrent très bien par l'éducation et par une attention soutenue en période de chasse des femelles.

Disons la vérité il y a d'autres raisons que celles évoquées, comme les trafics, la concurrence entre particuliers et professionnels, l'intérêt économique des vétérinaires, l'absence de suivi et l'augmentation de la bâtardise.

L'élevage est un métier, il est réglementé et protégé. La majorité des éleveurs sont d'excellents professionnels. sachez que des éleveurs placent des chiens dans des familles sélectionnées, pour un usage de reproduction en contrepartie de la gratuité du chien. sachez que la consanguinité doit être maîtrisée, et que le brassage entre lignées est absolument nécessaire pour éviter les tares génétiques. Des particuliers avertis avec des chiens sélectionnés qui travaillent avec des éleveurs, c'est une bonne chose. La reproduction sauvage est un vrai fléau.

QUESTION ET RÉPONSES

Lorsque mon chiot fugue, dois-je le gronder ?
En le réprimandant lorsqu'il revient, vous lui apprenez que revenir vers vous n'est pas une bonne chose. Dans ce contexte il développera une crainte de se faire disputer et la prochaine fois, il ne reviendra pas. Félicitez le chiot lorsqu'il revient, et travaillez le rappel, à la longe et en milieu clos.

Mon chiot détruit, dois-je le punir ?
Si vous le punissez, votre chien comprendra que vous ne voulez pas voir sa bêtise et non que vous ne vouliez pas qu'il fasse la bêtise ! Il faut habituer le chiot en le sortant cinq minutes puis vous revenez, et s'il n'y a pas de bêtise vous félicitez ?

Mon chiot a peur de tout, que dois-je faire ?
Le réconforter validera son comportement. Lorsque votre chien a peur, ignorez la situation. Passez à autre chose. Il faut sortir le chien d'abord dans des situations de conforts ensuite exposez-le à des situations plus stressantes et n'oubliez pas qu'il faut ignorer la peur.

Puis-je laisser mon enfant seul avec mon chiot sans problème ?
Ne laissez jamais, ô grand jamais, votre chiot seul avec votre enfant ! Cette règle de sécurité devrait être connue de tous les parents car même le chiot le plus

gentil du monde peut être agressif ou blesser sans le vouloir un enfant.

Mon chiot renifle le derrière des autres chiens ?

Pour les chiens, c'est une façon de dire : « Bonjour . C'est un moyen pour les chiens d'apprendre à se connaître.

Mon chiot tourne en rond ?

Il s'agit en fait d'un instinct il se prépare un endroit à eux qui soit sûr.

Mon chiot mâchouille les doudous ?

Les chiots aiment mâchouiller leur jouet ou tout autre objet qu'ils trouvent sur leur passage pour soulager la douleur qu'entraîne l'apparition d'une nouvelle rangée de dents, alors il faut attendre, voir accepter la situation en choisissant vous-même les objets à mâchouiller, et dire « non » pour les autres.

Mon chiot halète beaucoup ?

Haleter est un comportement normal car les chiots régulent la température de leur corps en haletant.

Mon chiot se masturbe ?

Tous les chiots pratiquent la masturbation, les mâles comme les femelles.

Mon chien creuse des trous ?

Personne ne peut empêcher les chiots de creuser. En réalité, c'est quelque chose de profondément ancré dans leur ADN. Ils creusent de manière naturelle pour cacher de la nourriture ou en débusquer, comme de petits rongeurs.

Le Groenendael

Fin

Ce roman a été corrigé avec le logiciel professionnel « ProLexis » de la société Diagonale et a été plusieurs fois relu. Toutefois malgré tout le soin et l'attention apportés par l'auteur il peut subsister des coquilles. L'auteur s'en excuse.

Ce livre est une conception originale et artisanale. Le travail d'artisan consiste à écrire, corriger, relire, mettre en page, concevoir la couverture et la quatrième de couverture, mettre en ligne le manuscrit à l'aide des outils fournit par le diffuseur.

Le code de la propriété intellectuelle n'autorisant, aux termes de l'article L. 122 — 5, 2 ° et 3 ° a, d'une part, que les « copies ou reproductions strictement réservées à l'usage privé du copiste et non destinées à son utilisation collective » et, d'autre part, que les analyses et les courtes citations dans un but d'exemple et d'illustration, « toute représentation ou reproduction intégrale ou partielle faite sans le consentement de l'auteur ou des ayants droit ou ayant cause est illicite » (art. L. 122-4). Cette représentation ou reproduction, par quelque procédé que ce soit, constituerait donc une contrefaçon sanctionnée par les articles L. 335-2 et suivant du Code de la propriété intellectuelle.

Le droit d'auteur français est le droit des créateurs. Le principe de la protection du droit d'auteur est posé par l'article L. 111-1 du code de la propriété intellectuelle (CPI) qui dispose que « l'auteur d'une œuvre de l'esprit jouit sur cette œuvre, du seul fait de sa création, d'un droit de propriété incorporelle exclusif et opposable à tous. Ce droit comporte des attributs d'ordre intellectuel et moral ainsi que des attributs d'ordre patrimonial ».

Fin